SCHOKOLADE

DIE KOCHSCHULE FÜR DEN GOURMET

KÖNEMANN

Inhalt

Einfach Aufwendiger Anspruchsvoll

Schokoladenkuchen ohne Mehl

Mit einer Haube aus Chantilly-Sahne und Mandelblättchen ergibt dieser Schokoladenkuchen ein reizvolles Dessert, schmeckt aber auch zu anderen Gelegenheiten.

Vorbereitungszeit: ***30 Minuten***
Zubereitungszeit: ***50 Minuten***
Für 8 Personen

weiche Butter, zum Einfetten
150 g brauner Zucker
225 g weiche Butter
4 Eier, getrennt
200 g hochwertige Bitterschokolade, grobgerieben
230 g Mandeln, gemahlen
2 1/2 EL feiner Zucker
2 EL Mandelblättchen

CHANTILLY-SAHNE
300 ml Schlagsahne
einige Tropfen Vanillearoma
2 EL Puderzucker

1 Eine runde Kuchenform von 23 cm Durchmesser leicht einfetten und den Boden mit Backpapier auslegen. Den Backofen auf 150 °C (Gasherd: Stufe 1–2) vorheizen.

2 Braunen Zucker und Butter in einer großen Schüssel zu einer hellen, lockeren Schaummasse aufschlagen. Die Eigelbe jeweils einzeln einrühren. Geriebene Schokolade und gemahlene Mandeln zugeben und sorgfältig unterrühren. Die Eiweiße in einer separaten Schüssel zu steifem Schnee schlagen, feinen Zucker einstreuen und den Eischnee in vier Portionen vorsichtig unter die Schokoladenmischung heben. Den Eischnee jedoch nicht zu lange einrühren, sonst fällt die Masse zusammen. Sobald keine weißen Streifen mehr zu sehen sind, die Masse in die vorbereitete Form gießen und 50 Minuten backen, bis der Teig bei leichtem Fingerdruck auf die Kuchenmitte zurückfedert. Den Kuchen erst nach dem Abkühlen aus der Form nehmen.

3 Für die Chantilly-Sahne die Sahne in eine Schüssel gießen und mit Vanillearoma und Puderzucker steif schlagen, bis feste Spitzen stehenbleiben. Bis zur Weiterverwendung im Kühlschrank aufbewahren.

4 Zum Servieren den Kuchen in Tortenstücke schneiden. Jedes Stück mit einer Sahnehaube garnieren und Mandelblättchen aufstreuen.

Tip Zur Abwechslung den Kuchen in einer quadratischen Form backen.
Die Schokolade läßt sich problemlos und schnell in einer Küchenmaschine mit grober Raspelscheibe zerkleinern.

Profiteroles mit Schokoladensauce

Dieses typisch französische Brandteiggebäck stammt aus dem 16. Jahrhundert. Sein Name ist eine Verkleinerungsform des französischen »profit« und bedeutete ursprünglich »kleine Gefälligkeit, kleines Geschenk«.

Vorbereitungszeit: ***30 Minuten***
Zubereitungszeit: ***30 Minuten***
Für 6 Personen

PROFITEROLES
weiche Butter, zum Einfetten
250 ml Wasser
1 TL feiner Zucker
1 gute Prise Salz
100 g Butter
125 g Weizenmehl, gesiebt
4 Eier, leicht verquirlt
1 Ei, leicht verquirlt und abgeseiht, zum Bestreichen

FÜLLUNG
350 ml Schlagsahne
1 1/2 EL feiner Zucker
1–2 Tropfen Vanillearoma

Puderzucker, zum Bestäuben
Schokoladensauce, zum Servieren (siehe S. 60)

1 Für die Profiteroles den Backofen auf 200 °C (Gasherd: Stufe 3) vorheizen. Ein Backblech einfetten und bis zur Weiterverwendung in den Kühlschrank stellen. 250 ml Wasser mit Zucker, Salz und Butter in einem tiefen Topf zum Kochen bringen. Von der Herdplatte nehmen, das Mehl in die heiße Flüssigkeit geben und kräftig mit einem Holzlöffel unterrühren. Den Topf zurück auf den Herd stellen und bei geringer Hitze weiterrühren, bis sich ein Teig bildet, der sich vom Topfboden löst. Den Brandteig von der Herdplatte nehmen und auf Handwärme abkühlen lassen. (Falls der Teig zu heiß ist, gerinnen die Eier bei der Zugabe.) Die verquirlten Eier in kleinen Mengen nach und nach zugeben und den Teig dabei kräftig durchrühren. Sobald er leicht vom Löffel fällt, kein Ei mehr zugeben und den Teig in einen Spritzbeutel mit 9-mm-Lochtülle füllen.

2 Mit dem Spritzbeutel – die Lochtülle dicht über das Backblech halten – etwa 2,5 cm große Teighäufchen in großem Abstand auf das Backblech setzen, dabei den Spritzbeutel jeweils rasch wegziehen. Die Teighäufchen mit dem Eigelb bestreichen und die Oberfläche der Teighäufchen mit dem Rücken einer Gabel glätten, damit der Teig beim Backen gleichmäßig aufgeht. 15–20 Minuten im Ofen backen, bis die kleinen Windbeutel goldbraun sind. Die Profiteroles sollten hohl klingen, wenn man auf die Unterseite klopft. Mit einer Messerspitze ein kleines Loch unten in den Windbeutel bohren. Die Profiteroles auf ein Kuchengitter legen und abkühlen lassen.

3 Für die Füllung die Sahne mit Zucker und Vanillearoma steif schlagen. Die Sahne in einen sauberen Spritzbeutel mit kleiner Lochtülle füllen und in die Öffnung am Boden der Windbeutel spritzen.

4 Zum Servieren die Profiteroles pyramidenartig in einer Glasschüssel oder auf separaten Serviertellern anrichten. Mit Puderzucker bestäuben und warme Schokoladensauce getrennt dazu servieren.

Crème brûlée mit weißer Schokolade

Unter dem knusprigen Karamel verbirgt sich eine feine Schoko-Vanille-Creme. Dieser gelungene Kontrast von knusprig und zart ist eine köstliche Variante der klassischen Crème brûlée.

Vorbereitungszeit: ***10 Minuten + Kühlzeit***
Zubereitungszeit: ***25 Minuten***
Für 6 Personen

400 ml Crème double
1 Vanilleschote
130 g hochwertige weiße Schokolade, gehackt
6 Eigelb
80 g feiner Zucker

1 Die Crème double in einen mittelgroßen Topf geben. Die Vanilleschote mit einem scharfen Messer längs aufschneiden und das Fruchtmark herausschaben. Schote und Mark in die Crème double geben und diese bei mittlerer Hitze behutsam bis zum Siedepunkt erhitzen, damit das Vanillearoma von der Flüssigkeit aufgenommen wird. Den Topf von der Herdplatte nehmen.

2 Die gehackte Schokolade in eine Schüssel geben. Einen Topf zur Hälfte mit Wasser füllen und dieses zum Kochen bringen. Den Topf von der Herdplatte nehmen und die Schüssel auf den Topf stellen, dabei darauf achten, daß sie nicht das Wasser berührt. Sobald die Schokolade geschmolzen ist, die Schüssel herunternehmen und die Eigelbe behutsam unterrühren. Dann die heiße, aromatisierte Crème double zugießen und gut verrühren.

3 Die Mischung in einen sauberen Topf gießen und erneut behutsam erhitzen, dabei ständig mit einem Holzlöffel rühren, damit die Masse nicht am Topfboden ansetzt. Weiterrühren, bis die Masse so dickflüssig ist, daß sie am Löffel haftet. Von der Herdplatte nehmen und durch ein feinmaschiges Sieb gießen; die Vanilleschote herausnehmen. Die Masse auf sechs feuerfeste Förmchen von je 120 ml Fassungsvermögen verteilen und erkalten lassen. Anschließend mehrere Stunden – besser über Nacht – in den Kühlschrank stellen, bis die Creme erstarrt ist.

4 Die erstarrte Creme mit Zucker bestreuen und die Förmchen unter den vorgeheizten Backofen-Grill setzen, bis der Zucker karamelisiert ist. Das Karamelisieren nicht mehr als zwei Stunden vor dem Servieren vornehmen. Die Crème brûlée gut gekühlt servieren.

Tip Crème brûlée kann bis einschließlich Schritt 3 gut im voraus zubereitet werden.

Anstelle der Karamelschicht als Auflage 80 g geschmolzene Zartbitterschokolade auf die Förmchen verteilen.

Schokoladenfondue

Nach alter Sitte muß man sein Gegenüber küssen, wenn das Fruchtstückchen in die Schokolade fällt.

Vorbereitungszeit: ***15 Minuten***
Zubereitungszeit: ***10 Minuten***
Für 4 Personen

300 ml Sahne
50 ml Milch
1 Vanilleschote
500 g hochwertige Bitterschokolade, feingehackt
1 Banane
3 Äpfel
3–4 Scheiben Ananas, frisch oder aus der Dose
150 g Erdbeeren

1 Sahne und Milch in einen kleinen Topf gießen. Die Vanilleschote längs aufschneiden und das Fruchtmark herausschaben. Schote und Mark in die Flüssigkeit geben und diese langsam bis zum Siedepunkt erhitzen. Den Topf von der Kochstelle nehmen, die Vanilleschote herausnehmen und die feingehackte Schokolade unterrühren. Das Schokoladenfondue im handwarmen Wasserbad warm halten.
2 Die Banane in Scheiben, Äpfel und Ananasscheiben in mundgerechte Stücke schneiden. Die Erdbeeren ganz lassen.
3 Verschiedene Fruchtstückchen aufspießen und zusammen mit einem Schälchen Schokoladenfondue jedem Gast auf einem Extrateller servieren; oder das Fondue und die vorbereiteten Früchte in die Mitte des Tisches stellen, so daß sich jeder selbst bedienen kann.

Tip Variieren Sie die Obstsorten je nach Jahreszeit und probieren Sie auch exotische Früchte.

Schokoladenpastete

Bereits bei kleinen Portionen riskiert man eine Schokoladen-›Überdosis‹: helle und dunkle Mousse au chocolat, umhüllt von Biskuit, und das Ganze mit Schokolade überzogen – eine wahre Kalorienbombe!

Vorbereitungszeit: **1 Stunde + 2 Stunden Kühlzeit**
Zubereitungszeit: **15 Minuten**
Für 10–12 Personen

GENUESER BISKUIT
4 Eier
120 g feiner Zucker
80 g Weizenmehl
1 1/2 EL Kakaopulver

HELLE MOUSSE AU CHOCOLAT
300 ml Crème double
150 g hochwertige Milchschokolade, gehackt
2 EL feiner Zucker
2 Eigelb

DUNKLE MOUSSE AU CHOCOLAT
300 ml Crème double
150 g hochwertige Bitterschokolade, gehackt
2 EL feiner Zucker
2 Eigelb

SCHOKOLADENÜBERZUG
250 ml Milch
300 g hochwertige Bitterschokolade, gehackt
75 g feiner Zucker

1 Für den Genueser Biskuit den Backofen auf 200 °C (Gasherd: Stufe 3) vorheizen. Zwei Kastenformen von je 25 x 30 cm mit Backpapier auslegen. Eier und Zucker in eine große Schüssel geben und diese über einen Topf mit siedendheißem Wasser stellen. Die Masse 5–7 Minuten schlagen, bis sie cremig ist und ihr Volumen verdoppelt hat. Schüssel vom Topf nehmen und die Schaummasse mit einem Schneebesen weiterschlagen, bis sie abgekühlt ist. Mehl und Kakaopulver sieben und vorsichtig unterheben. Die Biskuitmasse in die vorbereiteten Kuchenformen gießen und auf mittlerer Schiene 5–6 Minuten backen, bis der Teig bei leichtem Fingerdruck zurückfedert. Auf ein Kuchengitter stürzen und das Papier nach dem Abkühlen abziehen. Die Böden für eine 19 x 9 x 7 cm große Pastetenform zurechtschneiden und die Form damit auskleiden. Einen 19 x 9 cm großen Deckel zurückbehalten.

2 Für die helle Mousse au chocolat die Crème double in einer großen Schüssel schlagen, bis sie steif zu werden beginnt und weiche Spitzen stehenbleiben, wenn man den Schneebesen herauszieht. Schokolade in eine separate Schüssel geben. Einen Topf zur Hälfte mit Wasser füllen und die Flüssigkeit zum Kochen bringen, von der Kochstelle nehmen und die Rührschüssel über den Topf stellen, aber darauf achten, daß sie nicht das heiße Wasser berührt. Schokolade langsam schmelzen lassen. Zucker in 45 ml Wasser bei geringer Hitze in einem kleinen Topf auflösen und die Zuckerlösung zum Kochen bringen. Eigelbe in einer kleinen Schüssel schaumig schlagen. Mit dem kochenden Zuckersirup übergießen und weiterschlagen, bis die Masse abgekühlt ist. Geschmolzene Schokolade rasch unterrühren und geschlagene Crème double behutsam mit einem Plastikspatel oder einem Metallöffel unterziehen.

3 Für die dunkle Mousse au chocolat die Zutaten wie in Schritt 2 verarbeiten.

4 Helle Mousse au chocolat in die mit Biskuit ausgekleidete Form gießen, Oberfläche mit einem Löffel glattstreichen, dann dunkle Mousse au chocolat darüber geben. Mit dem Biskuitdeckel abdecken und die Pastete 1 Stunde tiefgefrieren oder 2 Stunden in den Kühlschrank stellen.

5 Für den Schokoladenüberzug Milch bis zum Siedepunkt erhitzen. Gehackte Schokolade zugeben und verrühren. Zucker in 75 ml Wasser auflösen und die Zuckerlösung zum Kochen bringen. Schokoladenmilch unterrühren. Die gekühlte Pastete auf ein Kuchengitter stürzen und die Schokoladenüberzugsmasse gleichmäßig über die Pastete gießen.

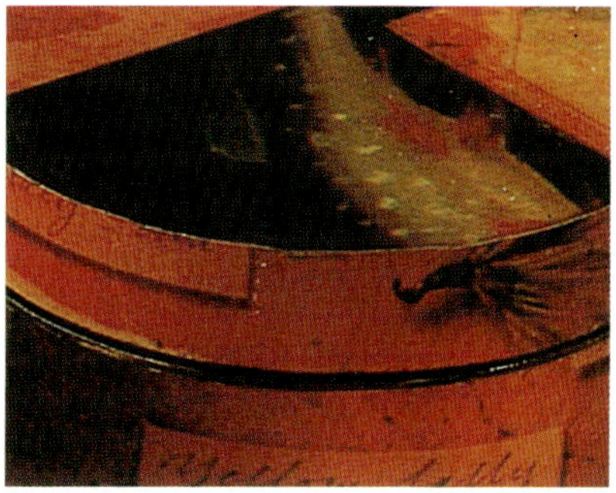

Schokoladeneis im Schokoladenförmchen

Die Geschichte der Eiscreme ist jahrtausendealt. Sie begann mit einer Mischung aus Schnee und Honig. Unser gehaltvolles Schokoladeneis hat zwar nur wenig mit seinem Vorgänger gemein, ist aber mindestens genauso köstlich und hat dazu den entscheidenden Vorteil, daß es auch in schneefreien Zeiten verspeist werden kann.

Vorbereitungszeit: ***20 Minuten + Gefrierzeit (über Nacht)***
Zubereitungszeit: ***10 Minuten***
Für 4–6 Personen

500 ml Milch
1/2 Vanilleschote, längs aufgeschnitten
100 g hochwertige Bitterschokolade, gehackt
4 Eigelb
100 g feiner Zucker

SCHOKOLADENFÖRMCHEN
400 g hochwertige Bitterschokolade, gehackt

1 Milch, Vanilleschote und gehackte Schokolade in einen Topf geben und langsam bis zum Siedepunkt erhitzen. Den Topf von der Herdplatte nehmen. Eine große Schüssel mit Eiswasser bereitstellen. Eigelbe mit Zucker zu einer dicken, hellgelben Schaummasse schlagen. Ein Drittel der heißen Schokoladenmilch zugießen, alles gründlich verrühren, dann diese Eiercreme in den Topf mit der restlichen Schokoladenmilch geben. Bei mittlerer Hitze unter ständigem Rühren behutsam erhitzen, bis die Creme so dick ist, daß sie leicht am Löffel haftet. Wenn man mit dem Finger über den Löffel fährt, muß eine deutliche Spur zurückbleiben. Die Sauce aber nicht kochen, da sie sonst gerinnt. So schnell wie möglich abkühlen. Dazu den Topf mit der Sauce in die vorbereitete Schüssel mit Eiswasser stellen. Anschließend abseihen.

2 Die abgeseihte Sauce in eine Eismaschine füllen und 15 Minuten cremig-weich gefrieren. Entweder die Eismasse gleich servieren oder in einen Gefrierbehälter von 1 l Fassungsvermögen umfüllen und weitergefrieren, bis die Masse fest ist. Wer keine Eismaschine besitzt, kann die abgeseihte Sauce auch direkt in den Gefrierbehälter gießen und anfrieren lassen. Die angefrorene Masse in eine große Schüssel umfüllen und mit dem elektrischen Handrührgerät cremig aufschlagen. Zurück in den Behälter geben und zugedeckt weitergefrieren, bis die Masse gerade fest ist. Anschließend noch einmal durchrühren, dann über Nacht gefrieren.

3 Für die Herstellung der Schokoladenförmchen nach den Hinweisen auf S. 63 vorgehen. Sobald die Schokolade erstarrt ist, Kugeln von der Eismasse abstechen, in die Förmchen geben und sofort servieren. Eine Fruchtsauce oder frische Früchte sind eine köstliche Beilage.

Schoko-Zimt-Plätzchen

Wenn schon eines dieser süßen Plätzchen ein Genuß ist, wie gut müssen dann erst zwei davon – bestrichen mit feiner Himbeermarmelade – schmecken?

Vorbereitungszeit: ***15 Minuten + 20 Minuten Kühlzeit***
Zubereitungszeit: ***10–15 Minuten***
Ergibt etwa 30 Stück

2 Eigelb
2–3 Tropfen Vanillearoma
150 g weiche Butter
100 g Puderzucker
300 g Weizenmehl
1/2 TL Backpulver
1 gute Prise Salz
1 1/2 TL Zimt, gemahlen
80 g Schokoladenraspel
150 g Himbeermarmelade

1 Eigelbe mit Vanillearoma und 30 ml Wasser in einer kleinen Schüssel verquirlen. In einer großen Schüssel Butter und Puderzucker mit einem elektrischen Handrührgerät oder einem Holzlöffel zu einer hellgelben, lockeren Masse aufschlagen. Nach und nach die verquirlten Eigelbe zugeben.

2 Mehl mit Backpulver, Salz und Zimt sieben und zu dem Teig geben. Die Mehlmischung gründlich einrühren, dann die Schokoladenraspel behutsam unterheben – nicht zu lange rühren. Den Teig mit den Händen zu einer Kugel formen, in Frischhaltefolie wickeln und 20 Minuten oder länger im Kühlschrank ruhen lassen. Den Backofen auf 180 °C (Gasherd: Stufe 2) vorheizen.

3 Den Teig auf einer leicht bemehlten Arbeitsfläche 4 mm dick ausrollen. Runde Plätzchen von 3 cm Durchmesser ausstechen, auf ein Backblech mit Backpapier setzen und in 10–15 Minuten goldgelb backen. Die Plätzchen auf einem Kuchengitter auskühlen lassen.

4 Die Hälfte der Plätzchen mit Himbeerkonfitüre bestreichen und jeweils ein unbestrichenes Plätzchen darauf legen.

Tip Ungefüllte Plätzchen halten sich luftdicht verschlossen bis zu einer Woche. Mit Füllung verkürzt sich die Haltbarkeit auf 1–2 Tage.

Brownies

Schon beim Backen verströmen die Brownies ein unwiderstehliches Aroma, doch noch besser ist es, in die frisch gebackenen Plätzchen hineinzubeißen.

Vorbereitungszeit: ***20 Minuten + Kühlzeit***
Zubereitungszeit: ***50 Minuten***
Ergibt etwa 16 Stück

Mehl, zum Bestäuben
200 g weiche Butter
15 Tropfen Vanillearoma
200 g feiner Zucker
50 g hochwertige Bitterschokolade, gehackt
2 Eier, leicht verquirlt
100 g Weizenmehl
1 Prise Salz
1 TL Backpulver
200 g Walnüsse, grobgehackt

ÜBERZUG
100 ml Crème double
100 g hochwertige Bitterschokolade, gehackt
40 g weiche Butter

1 Eine quadratische Backform von 20 cm Seitenlänge einfetten und mit Mehl bestäuben oder mit Backpapier auslegen. In einer Schüssel Butter, Vanillearoma und Zucker schaumig rühren. Den Backofen auf 170 °C (Gasherd: Stufe 1–2) vorheizen.

2 Die gehackte Schokolade in eine Schüssel geben. Einen Topf zur Hälfte mit Wasser füllen und dieses zum Kochen bringen. Von der Kochstelle nehmen und die Schüssel auf den Topf stellen. Darauf achten, daß sie nicht mit dem Wasser in Berührung kommt. Sobald die Schokolade geschmolzen ist, Schüssel vom Topf nehmen.

3 Verquirlte Eier in etwa 6 Portionen zu der schaumig gerührten Butter geben, gründlich einarbeiten, dann die geschmolzene Schokolade unterrühren.

4 Mehl, Salz und Backpulver in eine Schüssel sieben und Walnüsse zugeben. Alles mit der Schokoladenmischung vermengen, in die Kuchenform füllen und 45 Minuten backen, bis der Teig bei leichtem Fingerdruck auf die Kuchenmitte zurückfedert. In der Kuchenform abkühlen lassen.

5 Für den Überzug Crème double in einem kleinen Topf bis zum Siedepunkt erhitzen. Von der Herdplatte nehmen und Schokolade zugeben. Unter Rühren schmelzen, dann die Butter kräftig unterrühren. Den Schokoladenüberzug in eine Schüssel umfüllen und im Kühlschrank leicht dick werden lassen. Den Kuchen damit bestreichen und in den Kühlschrank stellen, bis der Überzug fest geworden ist. Zum Servieren in quadratische Stücke schneiden.

Tip Die Walnüsse durch Pekannüsse ersetzen.
Brownies sind schön saftig und halten sich luftdicht verschlossen bis zu einer Woche.

Schokoladeneistrüffel

Diese scheinbar herkömmlichen Trüffel sind eine raffinierte Köstlichkeit: Kugeln aus Schokoladeneis, von gehaltvoller Schokoladenganache umhüllt und in Kakaopulver gewälzt.

Vorbereitungszeit: ***30 Minuten + 1 Stunde Gefrierzeit***
Zubereitungszeit: ***5 Minuten***
Ergibt 12 Stück

250 ml Schokoladeneis

GANACHE
250 g hochwertige Bitterschokolade, gehackt
250 ml Crème double
2 1/2 EL feiner Zucker

Kakaopulver, zum Bestäuben

1 Ein Backblech mit Backpapier auslegen. 12 kleine Kugeln mit einem Eisportionierer oder einem Teelöffel von der Eiscreme abstechen, auf das Blech setzen und mindestens 1 Stunde gefrieren.
2 Für die Ganache gehackte Schokolade in eine Schüssel geben. Crème double und Zucker in einen mittelgroßen Topf geben und den Zucker bei geringer Hitze unter Rühren auflösen. Die Sahnemischung über die Schokolade gießen und einige Minuten stehen lassen, bis die Schokolade geschmolzen ist; dann behutsam glattrühren. In der nächsten Stunde alle 10 Minuten kräftig durchrühren, bis die Masse abgekühlt ist.
3 Kakaopulver in eine kleine Schale sieben. Sobald die Eiskugeln erstarrt sind, jeweils einige aus dem Gefriergerät nehmen. Sie zuerst in die erkaltete Ganache tauchen, dann sofort im Kakaopulver wälzen. Zurück ins Gefriergerät legen und den Vorgang mit den übrigen Kugeln wiederholen.

Tip Die Ganache darf nicht warm sein, da die Eiscreme sonst schmilzt. Sie darf aber auch nicht zu kalt sein, damit die Creme nicht zu fest wird, so daß die Kugeln nicht sauber überzogen werden können.

Die fertigen Trüffel können nach dem Festwerden bis zu einem Monat in geeigneten Gefrierbehältern aufbewahrt werden. Gegebenenfalls vor dem Servieren noch einmal in Kakaopulver wälzen.

Schokoladensorbet

Die meisten geben sich mit einer Kugel dieses Sorbets zufrieden – nur echte ›Chocoholics‹ schaffen mehrere.

Vorbereitungszeit: ***30 Minuten + Gefrierzeit (über Nacht)***
Zubereitungszeit: ***5–10 Minuten***
Für 6 Personen

175 g feiner Zucker
50 g Kakaopulver
125 g hochwertige Bitterschokolade, gehackt

HIMBEER-SAUCE
1 kg frische Himbeeren
2 EL Puderzucker
ein paar Tropfen Zitronensaft

1 500 ml Wasser mit Zucker in einem Topf unter Rühren langsam erhitzen, bis der Zucker aufgelöst ist; zum Kochen bringen. Von der Herdplatte nehmen, Kakaopulver und Schokolade zugeben und gleichmäßig verrühren.

2 Die Masse noch einmal aufkochen lassen. Sobald die ersten Bläschen aufsteigen, den Topf für mindestens 10 Minuten in eine Schüssel mit Eiswasser stellen, bis die Mischung abgekühlt ist. Die Masse in einer Eismaschine 20 Minuten körnig gefrieren lassen, in einen Gefrierbehälter von 1 l Fassungsvermögen umfüllen und über Nacht gefrieren; oder die Sorbetmasse direkt in einem Gefrierbehälter von 1 l Fassungsvermögen 3 Stunden gefrieren, bis die Masse halbgefroren ist. In eine große Schüssel umfüllen und mit einem elektrischen Handrührgerät 1–2 Minuten zu einer dicken, glatten Masse schlagen. Wieder in den Behälter füllen und 3 Stunden gefrieren. Diesen Vorgang noch zweimal wiederholen, dann das Sorbet im Gefrierbehälter über Nacht gefrieren.

3 Für die Himbeer-Sauce Früchte mit Puderzucker und Zitronensaft im Mixer fein pürieren. Durch ein Sieb streichen, um die kleinen, harten Kerne zu entfernen.

4 Das Sorbet mit der Fruchtsauce auf gut gekühlten Tellern servieren.

Julkuchen (Bûche de Noël)

Die Form dieses traditionellen französischen Weihnachtsgebäcks ist einem Holzscheit des Julfeuers nachempfunden, das zu Heiligabend im Kamin brennt. Das Feuer steht für den Sieg des Lichtes über die Dunkelheit.

Vorbereitungszeit: ***45 Minuten + Kühlzeit***
Zubereitungszeit: ***25 Minuten***
Für 8–12 Personen

SCHOKOLADENBISKUIT
2 Eier
3 EL feiner Zucker
4 EL Weizenmehl
2 TL Kakaopulver

BUTTERCREME
30 g Zartbitterschokolade, gehackt
100 g feiner Zucker
2 Eigelb
225 g weiche Butter

GANACHE
250 g Zartbitterschokolade, gehackt
150 ml Crème double
30 g Butter

Marzipanrohmasse und Lebensmittelfarbe, zum Garnieren

1 Für den Biskuit den Backofen auf 200 °C (Gasherd: Stufe 3) vorheizen. Eine rechteckige Kuchenform oder ein Backblech mit Backpapier auslegen. Eier und Zucker in eine Schüssel geben. Einen Topf zur Hälfte mit Wasser füllen und dieses zum Kochen bringen. Von der Kochstelle nehmen und die Schüssel auf den Topf stellen, darauf achten, daß sie nicht mit dem heißen Wasser in Berührung kommt. Eier mit einem elektrischen Handrührgerät 5–7 Minuten schlagen, bis die cremige Masse bandartig von den Quirlen fließt. Schüssel vom Topf nehmen und die Masse weiterschlagen, bis sie abgekühlt ist. Mehl und Kakaopulver sieben und vorsichtig unterheben. Den Biskuitteig in die Form oder auf das Backblech gießen und glattstreichen. 6–8 Minuten backen, bis der Teig bei leichtem Fingerdruck zurückfedert, dann den noch heißen Teig mitsamt anhaftendem Papier aus der Form nehmen und auf Pergamentpapier stürzen. Backpapier abziehen, den Biskuit sofort mit der Papierunterlage zusammenrollen und auskühlen lassen.

2 Für die Buttercreme Schokolade in einer Schüssel wie in Schritt 1 erhitzen. Sobald sie geschmolzen ist, Schüssel vom Topf nehmen. Den Zucker in einem Topf knapp mit kaltem Wasser bedecken und nach den Hinweisen auf S. 62 Zuckersirup herstellen. In der Zwischenzeit die Eigelbe mit dem elektrischen Handrührgerät zu einer dicken Masse aufschlagen. Den fertigen, noch brodelnden Zuckersirup unter ständigem Rühren zu der Schaummasse gießen. Weiterschlagen, bis die Masse erkaltet ist. Butter und geschmolzene Schokolade unterrühren. Creme in eine saubere Schüssel umfüllen und mit Frischhaltefolie abdecken.

3 Für die Ganache die Schokolade, wie in Schritt 2 beschrieben, zum Schmelzen bringen. Die Crème double bis zum Siedepunkt erhitzen, über die Schokolade gießen und zu einer dicken Masse aufschlagen. Die Butter unterrühren, bis sie geschmolzen ist, dann die Creme abkühlen lassen.

4 Zum Füllen die Teigrolle ausbreiten, gleichmäßig mit der Ganache bestreichen und vorsichtig wieder zusammenrollen. Dazu das Papier an der Breitseite anheben und beim Rollen vor sich herschieben. Die beiden Enden der Biskuitrolle sauber abschneiden und die Rolle 5–7 Minuten kühl stellen. Buttercreme in einen Spritzbeutel mit Sterntülle füllen und dichte Stränge längs auf die Rolle aufspritzen, dann spiralförmige Muster darauf anbringen; oder die Buttercreme mit einem Palettenmesser dick auf der Rolle verstreichen. Durchkühlen lassen, dann mit einer Gabel wellenförmige Längsstriche in die Creme ziehen.

5 Die Biskuitrolle mit Stechpalmenblättern und -beeren aus Marzipan dekorieren. Dazu das Marzipan mit Lebensmittelfarbe grün und rot einfärben, Blätter ausstechen und kleine Beeren von Hand rollen.

Heißes Schokoladensoufflé

Ein schön aufgegangenes, luftig-zartes Soufflé zählt zu den Glanzstücken eines guten Küchenchefs. Die größte Schwierigkeit besteht darin, das Soufflé zu servieren, bevor es abkühlt und zusammenfällt.

Vorbereitungszeit: ***20 Minuten***
Zubereitungszeit: ***20–25 Minuten***
Für 6 Personen

50 g hochwertige Bitterschokolade, grobgehackt
250 ml Milch
60 g Butter
3 EL Weizenmehl
weiche Butter, zum Einfetten der Förmchen
feiner Zucker, zum Ausstreuen der Förmchen
4 Eier, getrennt
2 1/2 EL feiner Zucker
1 EL Kakaopulver, gesiebt

Puderzucker, zum Bestäuben

1 Den Backofen auf 180 °C (Gasherd: Stufe 2) vorheizen. Die Schokolade in eine Schüssel geben. Die Milch bis zum Siedepunkt erhitzen. Über die Schokolade gießen und rühren, bis sie geschmolzen ist. Butter in einem Topf schmelzen und Mehl einstreuen. Bei geringer Hitze 1 Minute anschwitzen. Die Schokoladenmilch nach und nach zugießen, dabei ständig mit einem Holzlöffel rühren. Die Flüssigkeit aufkochen lassen, dann von der Herdplatte nehmen und abkühlen lassen.

2 Sechs Souffléförmchen von 250 ml Fassungsvermögen (10 x 5 cm) vom Boden zu den Seiten hin mit Butter einfetten. In den Kühlschrank stellen, bis das Fett erstarrt ist, dann den Vorgang wiederholen. Eines der Förmchen zur Hälfte mit feinem Zucker füllen und vorsichtig drehen und rütteln, bis die Oberfläche gleichmäßig mit Zucker überzogen ist. Überschüssigen Zucker abklopfen und die restlichen Förmchen wie das erste damit ausstreuen.

3 Die Eigelbe unter die Schokoladenmischung rühren. In einer separaten Schüssel die Eiweiße zu steifem Schnee schlagen. Zucker einrieseln lassen und 30 Sekunden weiterschlagen. Kakaopulver unterheben. Zunächst ein Drittel der Baisermasse unter die Schokoladenmischung rühren, um sie zu lockern, dann behutsam, aber rasch den Rest unterheben. Nicht zu lange rühren, da die Souffléemasse sonst an Volumen verliert.

4 Die vorbereiteten Förmchen randvoll mit der Souffléemasse füllen und die Oberfläche mit einem Palettenmesser glattstreichen. Mit gesiebtem Puderzucker bestreuen, dann mit dem Daumen am Rand der Form entlangfahren, so daß eine kleine Rinne entsteht. Diese bewirkt, daß das Soufflé beim Backen gut aufgeht. Die Soufflés etwa 15 Minuten im vorgeheizten Ofen backen, bis sie eine schöne goldbraune Kruste bekommen haben. Sie sollten sich bei leichtem Fingerdruck so eben fest anfühlen. Die Soufflés mit Puderzucker bestäuben und sofort servieren.

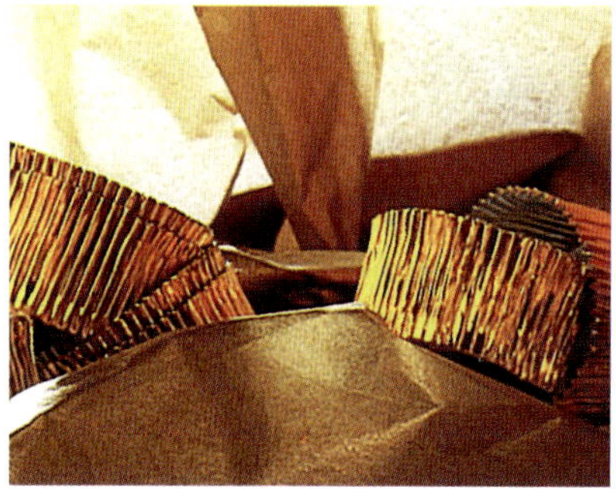

Rumtrüffel

So wie alle Trüffel ist auch dieses Mini-Konfekt ausnehmend raffiniert und kalorienreich. Die kleinen Köstlichkeiten schmecken hervorragend zum Kaffee nach einem guten Essen.

Vorbereitungszeit: ***40 Minuten + Kühlzeit***
Zubereitungszeit: ***10 Minuten***
Ergibt 24 Stück

300 g hochwertige Bitterschokolade, feingehackt
100 ml Crème double
2–3 Tropfen Vanillearoma
25 ml brauner Rum

Kakaopulver, zum Bestäuben

1 Die gehackte Schokolade in eine Schüssel geben. Crème double und Vanillearoma in einem kleinen Topf bis zum Siedepunkt erhitzen und über die gehackte Schokolade gießen. Mit einem Schneebesen glattrühren. Falls sich die Schokolade nicht ganz auflöst, die Schüssel – abseits der Herdplatte – über einen Topf mit heißem Wasser stellen, ohne daß die Schüssel das Wasser berührt. Einen Augenblick weiterrühren, bis die Schokolade ganz geschmolzen ist. Den Rum unterrühren und die Ganache im Kühlschrank fest werden lassen.

2 Mit einem Eisportionierer kleine Kugeln von der Ganachemasse abstechen oder die Masse in einen Spritzbeutel mit Lochtülle füllen und kleine Häufchen aufspritzen. Zurück in den Kühlschrank stellen. Die erstarrten Kugeln mit kühlen Fingern zu perfekten Bällchen formen und diese im Kakaopulver wenden. Dazu mit einer Gabel die Bällchen hin und her rollen, bis sie gleichmäßig mit Kakao überzogen sind.

Tip Da diese Trüffel vor dem Wälzen nicht in Schokolade getaucht werden, sollte man sie innerhalb von 2–3 Tagen verzehren. Zur Aufbewahrung empfiehlt sich ein luftdicht schließender Behälter im Kühlschrank. Vor dem Servieren die Rumtrüffel noch einmal in Kakaopulver wälzen.

Schokoladenbiskuitrolle

Dieser duftige Schokoladenbiskuit wird mit Schlagsahne und frischen Himbeeren gefüllt. Aber auch mit anderem Frischobst, zum Beispiel mit Erdbeeren oder Pfirsichen, schmeckt er köstlich.

Vorbereitungszeit: ***25 Minuten + 20 Minuten Kühlzeit***
Zubereitungszeit: ***8–10 Minuten***
Für 6 Personen

SCHOKOLADENBISKUIT
2 Eier
3 EL feiner Zucker
4 EL Weizenmehl
2 TL Kakaopulver

FÜLLUNG
150 ml Schlagsahne
2 1/2 EL Puderzucker
200 g frische Himbeeren

Kakaopulver und Puderzucker, zum Bestäuben

1 Für den Biskuit den Backofen auf 200 °C (Gasherd: Stufe 3) vorheizen. Eine rechteckige Kuchenform in der Größe 23 x 30 cm oder ein Backblech mit Backpapier auslegen. Eier und Zucker in eine große Schüssel geben. Einen Topf zur Hälfte mit Wasser füllen und dieses zum Kochen bringen. Von der Kochstelle nehmen und die Schüssel auf den Topf stellen; darauf achten, daß sie nicht das heiße Wasser berührt. Eier und Zucker mit einem elektrischen Handrührgerät 5–7 Minuten schlagen, bis die cremige Masse bandartig von den Quirlen fließt. Die Masse sollte niemals heiß, nur warm werden. Die Schüssel vom Topf nehmen und weiterschlagen, bis die Masse abgekühlt ist.

2 Mehl und Kakaopulver sieben und mit einem großen Metallöffel vorsichtig unter die Eischaummasse heben. Nicht zu lange rühren, da die Biskuitmasse sonst an Volumen verliert. Die Masse in die vorbereitete Form oder auf das Backblech gießen, mit einem Palettenmesser glattstreichen und 6–8 Minuten backen, bis der Teig in der Mitte bei leichtem Fingerdruck zurückfedert. Den Biskuit noch heiß mitsamt dem anhaftenden Papier aus der Form oder vom Blech nehmen und auf Pergamentpapier oder ein sauberes Geschirrtuch stürzen. Vorsichtig das Backpapier abziehen, dann den Biskuit sofort mit der Unterlage zusammenrollen und auskühlen lassen.

3 Für die Füllung Sahne und Puderzucker steif schlagen. Die geschlagene Sahne auf dem entrollten Schokoladenbiskuit verstreichen und mit Himbeeren belegen. Die Teigplatte wieder behutsam einrollen. Dazu das Pergamentpapier oder das Küchentuch an der Breitseite hochziehen: Der Biskuit rollt sich so fast von selbst ein. Die Naht sollte später unten liegen. Die Enden der Biskuitrolle sauber abschneiden und die Rolle 20 Minuten in den Kühlschrank stellen. Zum Servieren die Biskuitrolle mit etwas gesiebtem Kakaopulver und Puderzucker bestäuben.

Warmer Schokoladenschaum mit Pistaziensauce

Dieses schokoladige Dessert wird mit süßer Pistaziensauce und pochierten Birnen serviert und ist genau das Richtige für kalte Wintertage.

Vorbereitungszeit: ***20 Minuten***
Zubereitungszeit: ***35 Minuten***
Für 8 Personen

PISTAZIENSAUCE
20 g Pistazien, gehackt
250 ml Milch
3 Eigelb
2 1/2 EL feiner Zucker
1–2 Tropfen Vanillearoma

weiche Butter, zum Einfetten
185 g hochwertige Bitterschokolade, gehackt
150 g weiche Butter
3 1/2 EL Kakaopulver, gesiebt
6 Eier, getrennt
225 g feiner Zucker

pochierte Birnen, in Scheiben geschnitten, zum Servieren

1 Für die Pistaziensauce Pistazien 1–2 Minuten unter dem heißen Backofen-Grill rösten, dabei ständig wenden, dann in der Küchenmaschine zerkleinern. Milch in einem Topf langsam bis zum Siedepunkt erhitzen. Inzwischen Eigelbe mit Zucker zu einer hellgelben Creme aufschlagen. Die Milch unter die Eischaummasse rühren. In einen Topf umfüllen und bei geringer Hitze ständig rühren, bis die Sauce eindickt und am Löffel haftet. Von der Herdplatte nehmen, in eine Schüssel abseihen und mit Vanillearoma abschmekken. Die Pistazien unterrühren und die Sauce kalt stellen.

2 Den Backofen auf 160 °C (Gasherd: Stufe 1–2) vorheizen. Acht Souffléförmchen (8 x 3,5 cm) à 150 ml einfetten. Schokolade in eine Schüssel geben. Einen Topf zur Hälfte mit Wasser füllen und zum Kochen bringen. Von der Kochstelle nehmen und die Schüssel auf den Topf stellen, darauf achten, daß sie das Wasser nicht berührt. Schokolade in der Schüssel schmelzen. Butter mit einem Holzlöffel schaumig rühren, Kakaopulver unterrühren, dann die geschmolzene Schokolade vorsichtig untermischen.

3 In einer separaten Schüssel Eigelbe mit 125 g Zucker aufschlagen, bis die Masse ihr Volumen verdoppelt hat, und unter die Schokoladenmischung heben. Eiweiße zu steifem Schnee schlagen. Restlichen Zucker einrieseln lassen und weiterschlagen, bis der Eischnee sanfte Spitzen bildet. In drei Portionen behutsam unter die Schokoladenmischung heben. Die Förmchen jeweils zu drei Viertel mit der Masse füllen. 25 Minuten im Ofen backen, bis der Schokoladenschaum fest geworden ist, und auf Serviertellerstürzen. Mit der gekühlten Pistaziensauce umgießen und sofort servieren. Die pochierten Birnen getrennt reichen.

Schokoladendessert Opéra

Dieser süße Traum ist eine Komposition aus Mandelbiskuit, Schokoladenganache, Buttercreme und Kaffeesirup, gekrönt von einer üppigen Schokoladenhaube.

Vorbereitungszeit: ***1 Stunde 45 Minuten + Kühlzeit***
Zubereitungszeit: ***1 Stunde***
Für 4–6 Personen

MANDELBISKUIT
75 g Puderzucker
2 1/2 EL Weizenmehl
75 g Mandeln, gemahlen
3 Eier
15 g Butter, zerlassen und abgekühlt
3 Eiweiß
1 EL feiner Zucker

SCHOKOLADENGANACHE
200 g hochwertige Bitterschokolade, feingehackt
120 ml Milch
110 ml Crème double
50 g weiche Butter

KAFFEESIRUP
1 1/2 EL feiner Zucker
1 1/2 EL Instantkaffee

BUTTERCREME
70 g feiner Zucker
1 Eiweiß
1 EL Instantkaffee
100 g weiche Butter

1 Für den Biskuit den Backofen auf 220 °C (Gasherd: Stufe 3–4) vorheizen. Eine rechteckige Kuchenform von 20 x 30 cm oder ein Backblech mit Backpapier auslegen. Puderzucker und Mehl in eine große Schüssel sieben. Mandeln untermischen. Eier zugeben und mit den anderen Zutaten zu einer Creme aufschlagen. Butter unterrühren. Eiweiße in einer Schüssel zu steifem Schnee schlagen, Zucker einrieseln lassen und weiterschlagen, bis sich kleine Spitzen bilden. Ein Drittel der Eischneemasse unter die Mandelmasse rühren, um sie aufzulockern, dann den Rest vorsichtig unterheben. Die Biskuitmasse in die Form oder auf das Backblech gießen und glattstreichen. 6–7 Minuten backen, bis der Biskuit bei leichtem Fingerdruck zurückfedert. Auf ein mit Backpapier belegtes Kuchengitter stürzen und vorsichtig das anhaftende Backpapier abziehen.

2 Für die Ganache die Schokolade in eine Schüssel geben. Milch mit 30 ml Crème double bis zum Siedepunkt erhitzen. Die heiße Flüssigkeit über die Schokolade gießen, Butter zugeben und glattrühren. Stehen lassen.

3 Für den Kaffeesirup den Zucker mit 90 ml Wasser in einen Topf geben und unter Rühren auflösen. Zum Kochen bringen und den Instantkaffee unterrühren.

4 Für die Buttercreme Zucker mit 3 Eßlöffeln Wasser in einem kleinen Topf verrühren. Nach den Hinweisen auf S. 62 Zuckersirup herstellen. Zwischendurch das Eiweiß schlagen, bis sich kleine Spitzen bilden. Weiterschlagen und dabei den heißen Zuckersirup langsam zugießen. Weiterschlagen, bis die Masse abgekühlt ist. Das Kaffeepulver in 1 Teelöffel warmem Wasser auflösen, auf Raumtemperatur abkühlen lassen und unter die Butter rühren. Eischnee in zwei Portionen unterheben, bis alles gut vermengt ist.

5 Den Biskuit in drei gleich große Stücke von 10 x 20 cm schneiden. Ein Stück mit einem Drittel des Kaffeesirups tränken, dann mit der Hälfte der Buttercreme bestreichen. Das zweite Stück Biskuit auflegen. Wieder mit Sirup tränken und mit der Hälfte der Ganache bestreichen. Das letzte Stück Biskuit auflegen, mit dem restlichen Sirup beträufeln und mit der verbliebenen Buttercreme bestreichen. Die Oberfläche glätten und den gefüllten Biskuit in den Kühlschrank stellen, bis die Buttercreme fest geworden ist.

6 Die restliche Ganache im Wasserbad schmelzen. Die restliche Crème double bis zum Siedepunkt erhitzen und unter die Ganache rühren. Abkühlen lassen und den Biskuit damit bestreichen.

Schokoladentorte

Zu dieser köstlichen Torte mit der zart schmelzenden Schokoladenfüllung paßt vorzüglich eine mit Whisky aromatisierte Eiscreme oder auch ein Löffel Crème fraîche mit feinem Vanillegeschmack.

Vorbereitungszeit: ***50 Minuten***
+ 1 Stunde 40 Minuten Kühlzeit
Zubereitungszeit: ***30–35 Minuten***
Für 8 Personen

TEIG
125 g weiche Butter
2 1/2 EL feiner Zucker
1 Ei, verquirlt
1–2 Tropfen Vanillearoma
200 g Weizenmehl, gesiebt
1 Prise Salz
weiche Butter, zum Einfetten
Backerbsen

FÜLLUNG
250 g Zartbitterschokolade, gehackt
2 Eier
4 Eigelb
3 EL feiner Zucker
200 g weiche Butter, gewürfelt

Puderzucker, zum Bestäuben

1 Für den Teig Butter und Zucker mit einem Holzlöffel schaumig rühren. Ei und Vanillearoma in kleinen Mengen zugeben und verrühren. Mehl und Salz zugeben und alles rasch zu einem glatten Teig verkneten. Eine Kugel formen, diese auf 1 cm flachdrücken und 20 Minuten in Frischhaltefolie eingewickelt in den Kühlschrank legen.

2 Eine Obstkuchenform mit Hebeboden oder auch eine Springform von 24 cm Durchmesser einfetten. Den Backofen auf 180 °C (Gasherd: Stufe 2) vorheizen.

3 Den Teig auf einer leicht bemehlten Fläche etwa 3 mm dünn zu einer runden Platte ausrollen. Die Teigplatte locker um das Nudelholz legen und den Teig über der Kuchenform abrollen. Die Teigränder mit einem bemehlten Teigball, der zwischen Daumen und Zeigefinger gehalten wird, an den gewellten Rand der Form drücken. Überstehenden Teig mit einem scharfen Messer oder durch starken Druck mit dem Nudelholz auf die Ränder abtrennen. Den Teigboden 20 Minuten kühl stellen. Ein kreisrundes Stück Pergamentpapier von 27 cm Durchmesser ausschneiden, zusammenknüllen, damit das Papier geschmeidiger wird, dann wieder ausbreiten und so auf den Teig legen, daß es an den Seiten übersteht. Bis zum Rand mit Backerbsen füllen, diese leicht gegen die Form drücken, damit sie an den Rändern gut anliegen. 10 Minuten backen, Backerbsen und Papier entfernen und den Boden weitere 5–10 Minuten in den Ofen stellen, bis die Mitte leicht gebräunt ist. Den Boden aus dem Ofen nehmen und auf einem Kuchengitter abkühlen lassen.

4 Schokolade in eine Schüssel geben. Einen Topf zur Hälfte mit Wasser füllen und dieses zum Kochen bringen. Von der Kochstelle nehmen und die Schüssel auf den Topf stellen; darauf achten, daß sie nicht mit dem Wasser in Berührung kommt. Die Schokolade schmelzen lassen, dann die Schüssel vom Topf nehmen. In der Zwischenzeit Eier, Eigelbe und Zucker in einer Schüssel über einem Topf mit heißem Wasser zu einer hellgelben Schaummasse aufschlagen, bis diese ihr Volumen vervierfacht hat.

5 Butter stückchenweise unter die geschmolzene Schokolade rühren. Schaummasse vorsichtig unterheben. Gründlich vermengen, aber nicht zu lange rühren, da die Masse sonst zusammenfällt. In den vorgebackenen Boden gießen und weitere 10 Minuten backen. Die Torte erst leicht abkühlen lassen, dann aus der Form nehmen. Auf einem Kuchengitter ganz auskühlen lassen. Vor dem Servieren die Torte 1 Stunde kühl stellen. Zuletzt mit Puderzucker bestäuben.

Tip Übriggebliebene Teigreste nicht wegwerfen, sondern luftdicht verpackt einfrieren und später weiterverwenden.

Orangen-Cookies mit Schokoladenguß

Das Wort »Cookie« ist abgeleitet von dem niederländischen »koekje«, was soviel heißt wie Küchlein.

Vorbereitungszeit: ***15 Minuten + Kühlzeit***
Zubereitungszeit: ***7–8 Minuten***
Ergibt 18 Stück

weiche Butter, zum Einfetten
100 g weiche Butter
2 1/2 EL feiner Zucker
Schale von 1/2 unbehandelten Orange, feingerieben
125 g Weizenmehl
1 gehäufter TL Backpulver
100 g hochwertige Bitterschokolade, gehackt

1 Den Backofen auf 190 °C (Gasherd Stufe 2–3) vorheizen. Ein Backblech einfetten. Die weiche Butter mit einem Holzlöffel kräftig verrühren, nach und nach den Zucker und die Orangenschale zugeben und weiterrühren, bis eine blaßgelbe Masse entstanden ist. Mehl sieben und vorsichtig unterheben. Vom Teig walnußgroße Häufchen abnehmen und zu Kugeln rollen. Die Teigbällchen auf das Backblech setzen und mit einer Gabel flachdrücken. Die Cookies in 7–8 Minuten goldbraun backen, dann auf einem Kuchengitter auskühlen lassen.
2 Inzwischen die Schokolade in einer Schüssel schmelzen. Dazu einen Topf zur Hälfte mit Wasser füllen und dieses zum Kochen bringen. Den Topf von der Kochstelle nehmen und die Schüssel darüber stellen; darauf achten, daß sie nicht mit dem Wasser in Berührung kommt. Wenn die Schokolade geschmolzen ist, die Schüssel vom Topf nehmen. Die Cookies etwa zur Hälfte in die Schokolade tauchen, dann auf Backpapier legen. Die fertigen Cookies in den Kühlschrank legen, bis die Schokolade erstarrt ist.

Tip In luftdicht verschließbaren Dosen halten sich die Cookies bis zu einer Woche.

Orangen-Cookies mit Schokoladenguß (unten) und Irish-Coffee-Creme

Irish-Coffee-Creme

Wer partout nicht warten kann, bis die köstliche Creme erkaltet ist, serviert sie einfach warm.

Vorbereitungszeit: ***10 Minuten + Kühlzeit***
Zubereitungszeit: ***3–5 Minuten***
Für 4 Personen

GANACHE
200 g Zartbitterschokolade, gehackt
200 ml Crème double
2 EL feiner Zucker
1 EL Whisky

KAFFEE-SAHNE
200 ml Schlagsahne
3 EL Puderzucker, gesiebt
1 EL Kaffee-Extrakt (siehe Tip)

Kakaopulver, zum Bestäuben

1 Für die Ganache die Schokolade in eine Schüssel geben. Creme double und Zucker in einen Topf geben und bis zum Siedepunkt erhitzen. Die heiße Flüssigkeit sogleich über die gehackte Schokolade gießen und zu einer glatten, cremigen Masse rühren. Den Whisky unterrühren und die Masse zum Auskühlen in den Kühlschrank stellen, zwischendurch hin und wieder umrühren, damit sich keine Haut bildet.
2 Die erkaltete Ganache auf vier Gläser oder Kelche verteilen und im Kühlschrank gut durchkühlen lassen.
3 Für die Kaffee-Sahne die Sahne mit dem Zucker steif schlagen, dann den Kaffee-Extrakt unterrühren, die Mischung in einen Spritzbeutel füllen und auf die Ganache spritzen. Vor dem Servieren die Sahnehaube mit Kakaopulver bestäuben.

Tip Falls Kaffee-Extrakt nicht erhältlich ist, ersatzweise 1 Eßlöffel Instantkaffee, aufgelöst in 1 Teelöffel heißem Wasser, verwenden.

Schokoladenbeignets

Diese Küchlein mit weicher, schokoladiger Füllung werden in heißem Öl ausgebacken, so daß sie außen schön knusprig sind. Am besten schmecken sie warm mit einer Portion Vanilleeis.

Vorbereitungszeit: ***1 Stunde 20 Minuten + Gefrierzeit***
Zubereitungszeit: ***30 Minuten***
Ergibt 48 Stück

300 g hochwertige Bitterschokolade, gehackt
200 ml Crème double
Kakaopulver, zum Bestäuben
Mehl, zum Bestäuben

AUSBACKTEIG
250 g Weizenmehl
1 EL Kartoffel- oder Maisstärke
1 EL Öl
1 Prise Salz
1 Ei
225 ml Bier
2 Eiweiß
1 EL feiner Zucker
Öl, zum Fritieren

1 Die gehackte Schokolade in eine Schüssel geben. Einen Topf zur Hälfte mit Wasser füllen und zum Kochen bringen. Den Topf von der Kochstelle nehmen und die Schüssel über den Topf stellen, darauf achten, daß sie nicht mit dem heißen Wasser in Berührung kommt. Sobald die Schokolade geschmolzen ist, die Schüssel vom Topf nehmen. Crème double in einem kleinen Topf bis zum Siedepunkt erhitzen. Die heiße Flüssigkeit über die geschmolzene Schokolade gießen und glattrühren, am Schüsselrand anhaftende Schokoladenmasse abschaben. Die Masse zugedeckt im Kühlschrank fest werden lassen.

2 Die Schokoladencreme in einen Spritzbeutel füllen und 48 kleine Bällchen auf Backpapier aufspritzen. Kein Grund zur Sorge, falls sie nicht ganz perfekt geraten. Die Bällchen im Kühlschrank fest werden lassen, dann von Hand gleichmäßige, glatte Kugeln daraus drehen. Dazu etwas Kakaopulver auf die Hände streuen, damit die Schokolade nicht daran klebt. Die fertigen Kugeln gefrieren lassen.

3 Für den Ausbackteig das Weizenmehl mit der Stärke in eine große Schüssel sieben und in die Mitte eine Vertiefung drücken. Öl, Salz und Ei hineingeben, gründlich verrühren und nach und nach vom Rand her das Mehl einarbeiten, bis eine glatte Paste entstanden ist. Das Bier langsam zugießen und die Masse zu einem glatten, nicht zu dünnflüssigen Teig rühren.

4 Das Öl in eine Friteuse gießen und auf 200 °C erhitzen oder eine große, gußeiserne Bratpfanne zu einem Drittel mit Öl füllen und auf die erforderliche Temperatur erhitzen. Die Eiweiße zu steifem Schnee schlagen, dann Zukker unter den Eischnee geben und die Masse vorsichtig unter den Teig heben. Jeweils nur zwei oder drei Kugeln aus dem Gefriergerät nehmen und mit Mehl bestäuben. Die Kugeln mit einer Kuchenzange in den Ausbackteig tauchen und dann ins heiße Öl gleiten lassen. Die Beignets 3–5 Minuten fritieren, bis sie leicht gebräunt sind. Nicht zu viele Kugeln auf einmal in das heiße Fett geben, da sonst die Temperatur zu weit absinkt. Die ausgebackenen Kugeln sofort aus der Friteuse oder der Pfanne herausnehmen und anschließend zum Abtropfen auf Küchenpapier legen. Die restlichen Kugeln auf die gleiche Weise verarbeiten. Die Beignets vor dem Servieren mit Kakaopulver bestäuben.

Tip Es ist ganz wichtig, daß die Schokolade vor dem Fritieren hart gefroren ist. Wenn genügend Zeit vorhanden ist, können die Schokoladenkugeln auch am Vortag zubereitet und dann über Nacht tiefgefroren werden.

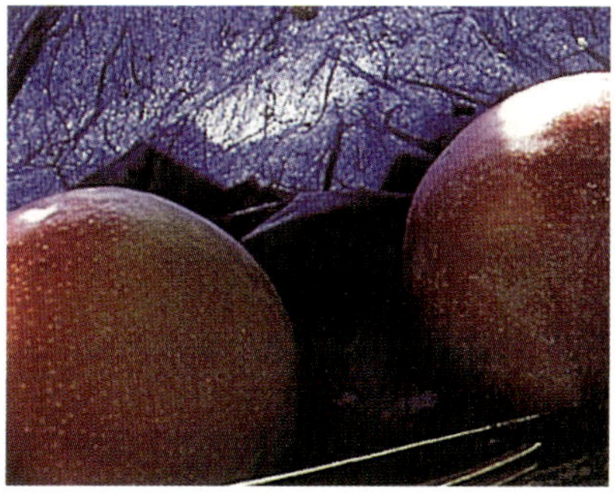

Cremiges Schokoladensoufflé

Dieses Soufflé ist cremiger als die herkömmlichen Zubereitungen und geht deshalb auch nicht sehr weit auf. Am besten gelingt es in kleinen flachen Schalen.

Vorbereitungszeit: ***10 Minuten***
Zubereitungszeit: ***15 Minuten***
Für 4 Personen

100 g hochwertige Bitterschokolade, gehackt
60 g Butter
3 EL Kakaopulver
2 Eier, getrennt
weiche Butter, zum Einfetten
feiner Zucker, zum Ausstreuen der Formen
2 Eiweiß
50 g Puderzucker, gesiebt
etwas Puderzucker, zum Bestäuben
Vanilleeis oder Orangensorbet, zum Servieren

1 Den Backofen auf 200 °C (Gasherd: Stufe 3) vorheizen. Die Schokolade in eine Schüssel geben. Einen Topf zur Hälfte mit Wasser füllen und dieses zum Kochen bringen. Den Topf von der Kochstelle nehmen und die Schüssel über den Topf stellen; darauf achten, daß sie nicht mit dem heißen Wasser in Berührung kommt. Die Schokolade langsam schmelzen, dann Butter zugeben und kräftig rühren. Kakaopulver auf die geschmolzene Schokolade sieben und gründlich unterrühren. Die Schüssel vom Topf nehmen, Eigelbe schaumig schlagen und unter die Schokoladenmischung rühren.

2 Vier Soufflèförmchen von 300 ml Fassungsvermögen (12,5 x 2,5 cm) leicht einfetten und mit etwas Zucker ausstreuen. Eiweiß steif schlagen, Puderzucker langsam unterrühren und den Eischnee weiterschlagen, bis er glänzt. Ein Drittel des Eischnees vorsichtig unter die Schokoladenmischung heben, dann den restlichen Eischnee unterheben. Die Soufflemasse auf die vorbereiteten Förmchen verteilen, mit Puderzucker bestäuben und ca. 8 Minuten im Ofen backen, bis sie sich bei leichtem Fingerdruck gerade fest anfühlen. Eine Kugel Eiscreme oder Sorbet in die Mitte setzen und sofort servieren.

Tip Eier lassen sich am besten trennen, wenn sie kalt sind, d. h. wenn sie direkt aus dem Kühlschrank kommen. Um beim Eischnee ein Maximum an Volumen und Luftigkeit zu erreichen, empfiehlt es sich jedoch, das Eiweiß bei Zimmertemperatur zu schlagen. Dazu benötigen Sie eine saubere, trockene Schüssel und ebensolche Quirle oder einen entsprechenden Schneebesen, da bereits kleinste Fettspuren ein luftiges Aufschlagen des Eischnees verhindern.

Früchte im Schokoladenmantel

So müssen Früchte ursprünglich gedacht gewesen sein: süß und saftig, umhüllt von edler Bitterschokolade. Die Auswahl und Zusammenstellung der Früchte bleibt einzig und allein Ihrer Phantasie überlassen.

Vorbereitungszeit: ***20 Minuten + 15 Minuten Kühlzeit***
Zubereitungszeit: ***10–15 Minuten***
Für 4–6 Personen

540 g Erdbeeren
2 Clementinen oder Mandarinen
185 g Zartbitterschokolade, gehackt
1 EL Speiseöl (z. B. Sonnenblumen- oder Erdnußöl)

1 Ein Backblech mit Backpapier auslegen. Erdbeeren mit einem trockenen Backpinsel behutsam säubern oder kurz in einer Schüssel mit kaltem Wasser schwenken und dann gründlich auf mehreren Lagen Küchenpapier abtropfen lassen. Alle Beeren mit Druckstellen aussondern und wegwerfen. Die Clementinen oder Mandarinen schälen und dabei möglichst viel von der weißen, pelzigen Fruchthaut entfernen, dann die Früchte in Spalten zerteilen.

2 Die Schokolade in eine Schüssel geben. Einen Topf zur Hälfte mit Wasser füllen und dieses zum Kochen bringen. Den Topf von der Kochstelle nehmen und die Schüssel über den Topf stellen; darauf achten, daß sie nicht mit dem heißen Wasser in Berührung kommt. Die Schokolade schmelzen und das Öl gründlich unterrühren. Die Schüssel vom Topf nehmen und mit einem Geschirrtuch abdecken, um die Masse warmzuhalten

3 Die Erdbeeren am Stiel fassen und zu etwa drei Viertel in die warme Schokolade tauchen, so daß vom Rot der Beeren noch etwas zu sehen ist. Überschüssige Schokolade vorsichtig am Schüsselrand abstreifen und die überzogenen Erdbeeren auf das vorbereitete Blech legen. Den Tauchvorgang mit den Clementinen- oder Mandarinenspalten wiederholen, die Spalten jedoch zuvor mit Küchenpapier trockentupfen.

4 Die Früchte nach dem Tauchbad 15 Minuten in den Kühlschrank stellen, bis die Schokolade erstarrt ist. Schokoladenfrüchte nicht direkt aus dem Kühlschrank servieren, denn die Kälte beeinträchtigt nicht nur das Aroma der Früchte, die Schokolade ist auch viel zu hart.

Tip Alle Früchte sind zum Überziehen mit Schokolade geeignet, allerdings erzielt man die besten Ergebnisse mit solchen, die ganz bleiben oder eine trockene Oberfläche haben.

Falls die Erdbeerstiele zu kurz sind, kann man sich beim Überziehen mit Zahnstochern behelfen.

Zum Eintauchen der Clementinen- oder Mandarinenspalten empfiehlt sich eine kleine Gebäckzange. Auf Zahnstocher sollte man in diesem Fall verzichten, da beim Einstechen der Fruchtstückchen Saft austreten würde, der wiederum verhindert, daß die Schokolade gleichmäßig an den Früchten haftet.

Trüffeltorte

Zu diesem opulenten Schokoladendessert servieren Sie am besten einen starken Espresso, auch eine Schüssel mit frischen Erdbeeren ist eine gute Ergänzung. Diese Schlemmertorte ruft garantiert Bewunderung hervor.

Vorbereitungszeit: ***1 Stunde 30 Minuten + Kühlzeit***
Zubereitungszeit: ***20 Minuten***
Für 8 Personen

SCHOKOLADENBISKUIT
weiche Butter, zum Einfetten
Mehl, zum Ausstreuen
2 Eier
2 1/2 EL feiner Zucker
4 EL Weizenmehl
1 EL Kakaopulver
30 ml Rum

530 g hochwertige Bitterschokolade, gehackt
2 Blatt Gelatine oder 1 TL Gelatinepulver
65 g Glukosesirup
500 ml Schlagsahne
Kakaopulver, zum Bestäuben

1 Für den Biskuit den Backofen auf 170 °C (Gasherd: Stufe 2) vorheizen. Eine Springform von 20 cm Durchmesser und 5,5 cm Höhe einfetten und mit Mehl ausstreuen. Einen Topf zur Hälfte mit Wasser füllen und dieses zum Kochen bringen, dann den Topf von der Kochstelle nehmen. Eier und Zucker in eine große Schüssel geben und diese über den Topf stellen; darauf achten, daß sie nicht das heiße Wasser berührt. Die Mischung 5–10 Minuten mit dem Handrührgerät zu einer dicken Masse aufschlagen, die bandartig von den Quirlen fließt. Schüssel vom Topf nehmen und weiterschlagen, bis die Masse abgekühlt ist. Mehl und Kakaopulver sieben und mit einem Plastikspatel vorsichtig unter den Eischaum heben. Die Biskuitmasse in die Springform gießen, glattstreichen und 15 Minuten backen, bis der Biskuit in der Mitte bei leichtem Fingerdruck zurückfedert und am Rand etwas geschrumpft ist. Auf ein Kuchengitter stürzen und erkalten lassen.

2 Die trockene Oberfläche des Biskuits mit einem großen Sägemesser abschneiden, so daß ein 1,5 cm dicker Tortenboden übrigbleibt. Diesen entweder auf eine Kartonunterlage von 20 cm Durchmesser setzen und in die Springform legen oder den Boden direkt in die Form gleiten lassen. Den Biskuit mit Rum tränken.

3 Gehackte Schokolade wie in Schritt 1 schmelzen. Sobald die Schokolade geschmolzen ist, die Schüssel vom Topf nehmen. Blattgelatine in kaltem Wasser einweichen oder Gelatinepulver mit 1 Eßlöffel kaltem Wasser anrühren und über einem Topf mit siedendem Wasser quellen lassen. 100 ml Wasser in einen Topf gießen, Glukosesirup zugeben und zum Kochen bringen. Den Topf von der Herdplatte nehmen. Gequollene Gelatineblätter gut ausdrücken und in den warmen Glukosesirup geben oder das gequollene Pulver zufügen und unter Rühren auflösen. Die warme Flüssigkeit über die Schokolade gießen und mit einem kleinen Schneebesen untermischen. Bei Klümpchenbildung die Mischung behutsam über Wasserdampf erwärmen und glattrühren, dann erkalten lassen.

4 Die Sahne schlagen, bis weiche Spitzen stehenbleiben, und behutsam unter die erkaltete Schokoladenmischung heben. Nicht zu lange rühren. Die Springform bis zum Rand mit der Trüffelmasse füllen und die Oberfläche mit einem Palettenmesser glattstreichen. Die Trüffeltorte im Kühlschrank fest werden lassen (dauert mehrere Stunden).

5 Ein feucht-heißes Geschirrtuch 30 Sekunden um die Springform legen, um die Torte besser aus der Form lösen zu können. Dann die Trüffeltorte mit Kakaopulver bestäuben und mit dem Messerrücken gitterartig verzieren. Die restliche Schokolade wie oben beschrieben zum Schmelzen bringen. Die flüssige Schokolade auf ein Stück Backpapier gießen und mit einem Palettenmesser 2 mm dick verstreichen. Die Schokolade im Kühlschrank erstarren lassen, dann große Stücke davon auf dem Papier abbrechen und an die Seitenränder der Torte drücken. Die Torte zum Servieren auf eine Tortenplatte umsetzen.

Petits pots au chocolat

Diese delikate Schokoladencreme wird ganz ähnlich zubereitet wie Crème brûlée, ist aber viel zarter und sahniger.

Vorbereitungszeit: ***10 Minuten + Kühlzeit***
Zubereitungszeit: ***45 Minuten***
Für 6 Personen

375 ml Milch
150 ml Sahne
50 g hochwertige Bitterschokolade, gehackt
1/2 Vanilleschote, längs aufgeschnitten
1 Ei
3 Eigelb
100 g feiner Zucker
steif geschlagene Sahne und geriebene Schokolade, zum Servieren

1 Den Backofen auf 170 °C (Gasherd: Stufe 2) vorheizen. Milch, Sahne, Schokolade und Vanilleschote in einem gußeisernen Topf zum Kochen bringen. Ei, Eigelbe und Zucker mit einem Holzlöffel zu einer dicken, hellgelben Masse aufschlagen. Die geschmolzene Schokoladenmischung zugießen und gut mit der Eischaummasse vermengen. Dann die Mischung abseihen und die Vanilleschote entfernen. Anschließend den Schaum, der sich auf der Oberfläche abgesetzt hat, mit einem Metallöffel abschöpfen.

2 Die Mischung in sechs Souffléförmchen von je 100 ml Fassungsvermögen gießen, dabei jedes Förmchen bis zum Rand füllen. Die Förmchen in die Fettpfanne des Backofens stellen und so viel heißes Wasser zugießen, daß die Förmchen bis etwa 1 cm unter dem Rand im Wasser stehen. 30 Minuten im Ofen backen, bis die Oberfläche der Schokoladencreme bei leichtem Fingerdruck nachgibt und beim Wegziehen keine Creme am Finger haften bleibt. Dann die Förmchen aus dem Wasserbad nehmen und abkühlen lassen. Die erkaltete Creme mit Sahne verzieren. Dazu die steif geschlagene Sahne in einen Spritzbeutel mit Sterntülle füllen und Rosetten aufspritzen. Zuletzt mit etwas geriebener Schokolade bestreuen.

Schokoladensinfonie

Diese harmonisch abgestimmte Komposition besteht aus je einer Lage Mousse au chocolat mit weißer, Milch- und Bitterschokolade – eine wunderbar süße Versuchung.

Vorbereitungszeit: ***1 Stunde + 3 Stunden Kühlzeit***
Zubereitungszeit: ***20 Minuten***
Für 8–10 Personen

ITALIENISCHE BAISERMASSE
200 g feiner Zucker
6 Eiweiß
weiche Butter, zum Einfetten

WEISSE MOUSSE AU CHOCOLAT
1 Blatt Gelatine oder 1/2 TL Gelatinepulver
70 g hochwertige weiße Schokolade, gehackt
30 ml Cointreau
60 ml Sahne, geschlagen
Saft von 1/4 Zitrone

HELLE MOUSSE AU CHOCOLAT
1 Blatt Gelatine oder 1/2 TL Gelatinepulver
70 g hochwertige Milchschokolade, gehackt
60 ml Sahne, geschlagen

DUNKLE MOUSSE AU CHOCOLAT
1 Blatt Gelatine oder 1/2 TL Gelatinepulver
70 g hochwertige Bitterschokolade, gehackt
60 ml Sahne, geschlagen

1 Für die italienische Baisermasse den Zucker mit 50 ml Wasser in einen kleinen Topf geben und nach den Hinweisen auf S. 62 einen Zuckersirup kochen. Zwischenzeitlich die Eiweiße mit dem Handrührgerät zu steifem Schnee schlagen. Sobald der Sirup fertig ist, den Topfboden sofort in kaltes Wasser tauchen. Dann den Zuckersirup langsam zu dem Eischnee gießen. Weiterschlagen, bis die Mischung abgekühlt ist. Mit Frischhaltefolie abdecken.

2 Eine Kastenform (23,5 x 7,5 x 6,5 cm) einfetten und den Boden mit Backpapier auslegen, dessen Enden überstehen.

3 Für die weiße Mousse au chocolat die Blattgelatine in kaltem Wasser einweichen oder Gelatinepulver mit 1 Eßlöffel Wasser anrühren und quellen lassen. Die gehackte Schokolade in eine Schüssel geben. Einen Topf zur Hälfte mit Wasser füllen und dieses zum Kochen bringen. Den Topf von der Kochstelle nehmen und die Schüssel über den Topf stellen; darauf achten, daß sie nicht das heiße Wasser berührt. Die Schokolade schmelzen lassen und die gequollene Blattgelatine gut ausdrücken. Gelatine mit dem Orangenlikör in eine Schüssel geben und unter Rühren über dem Wasserdampf auflösen. Ein Drittel der Schlagsahne unter die geschmolzene Schokolade heben, von dieser Mischung einen Löffel abnehmen und unter die aufgelöste Gelatine rühren, dann die Gelatinemischung unter die Schokoladensahne rühren. Die restliche Schlagsahne, ein Drittel der italienischen Baisermasse und den Zitronensaft unterheben. Diese Mischung in die Kastenform einfüllen, glattstreichen und anschließend im Kühlschrank fest werden lassen.

4 Die helle Mousse au chocolat wie in Schritt 3 zubereiten, jedoch den Cointreau durch 30 ml Wasser ersetzen und den Zitronensaft weglassen. Die Mischung gleichmäßig auf der weißen Mousse verstreichen und die Form zurück in den Kühlschrank stellen, bis die Masse erstarrt ist.

5 Für die dunkle Mousse au chocolat wie in Schritt 3 vorgehen, dabei jedoch die entsprechenden Zutaten ersetzen. Die fertige Mischung gleichmäßig auf der hellen Mousse verstreichen, dann mindestens 3 Stunden, besser noch über Nacht, in den Kühlschrank stellen.

6 Zum Herauslösen der Mousse mit einem spitzen Messer am Formrand entlangfahren, dann den Boden der Form kurz in heißes Wasser tauchen, ein Schneidebrett obenauf legen und die Form umdrehen. Form und Schneidebrett gut festhalten und die Mousse durch leichtes Schütteln aus der Form lösen. Diesen Vorgang gegebenenfalls wiederholen. Die Form vorsichtig abnehmen. Das Dessert zum Servieren in Scheiben schneiden.

Weißer Karamel

Dieser süße Weichkaramel wird mit zart schmelzender weißer Schokolade zubereitet.

Vorbereitungszeit: ***15 Minuten + 2 Stunden Kühlzeit***
Zubereitungszeit: ***7 Minuten***
Ergibt etwa 50 Stück

weiche Butter, zum Einfetten
350 g feiner Zucker
30 g Butter
1 Prise Salz
125 ml Kondensmilch
1 Vanilleschote
300 g hochwertige weiße Schokolade, gehackt
80 g Pistazien

1 Eine quadratische Kuchenform von 18 cm Seitenlänge einfetten. Zucker, Butter, Salz und Kondensmilch in einen Topf geben. Vanilleschote längs aufschneiden, das Fruchtmark mit einem Messer herausschaben und Schote und Mark in den Topf geben. Die Mischung bei mittlerer Hitze zum Kochen bringen, dabei ständig mit einem Holzlöffel rühren; 5 Minuten unter ständigem Rühren köcheln lassen.
2 Den Topf von der Herdplatte nehmen und die Vanilleschote mit einer Gabel herausfischen. Die gehackte Schokolade unterrühren, bis sie vollständig geschmolzen ist. Pistazien einstreuen und den Weichkaramel in die Kuchenform füllen. Etwa 2 Stunden in den Kühlschrank stellen, bis die Masse erstarrt ist.
3 Den Weichkaramel in kleine Quadrate schneiden und in Pralinenpapierförmchen servieren. Im Kühlschrank hält sich er sich bis zu einer Woche.

Tip Gehackte Haselnüsse sind ein guter Ersatz für die Pistazien.

Die ganze Vanilleschote mitsamt Fruchtmark verleiht dem Weichkaramel ein besonders köstliches Aroma. Wen jedoch die schwarzen Körnchen stören, der kann sie durch einige Tropfen Vanillearoma ersetzen.

Genueser Schokoladenbiskuit

Die Torte ist nach der italienischen Stadt Genua benannt, wo dieser klassische Biskuit kreiert worden sein soll. Das Geheimnis eines gelungenen Genueser Biskuits liegt in der sorgsamen Handhabung der Biskuitmasse.

Vorbereitungszeit: ***10 Minuten***
Zubereitungszeit: ***25–30 Minuten***
Für 8–10 Personen

weiche Butter, zum Einfetten
Mehl, zum Ausstreuen
4 Eier
100 g feiner Zucker
80 g Weizenmehl
2 EL Kakaopulver
20 g Butter, zerlassen
120 g Himbeerkonfitüre
Puderzucker, zum Bestäuben

1 Den Backofen auf 180 °C (Gasherd: Stufe 2) vorheizen. Eine Springform von 20 cm Durchmesser einfetten und mit Mehl ausstreuen. Eier und Zucker in eine Schüssel geben. Einen Topf halb mit Wasser füllen und erhitzen. Den Topf von der Herdplatte nehmen und die Schüssel über den Topf stellen; darauf achten, daß sie nicht mit dem Wasser in Berührung kommt. Eier und Zucker mit einem Handrührgerät in 5–10 Minuten zu einer cremigen Masse schlagen. Die Masse darf nur warm werden. Schüssel vom Topf nehmen und weiterschlagen, bis die Masse abgekühlt ist.

2 Mehl und Kakaopulver in eine Schüssel sieben und behutsam unter die Eischaummasse heben. Nicht zu lange rühren, da die Masse sonst zusammenfällt. Vorsichtig, aber rasch die zerlassene Butter untermischen. Die Biskuitmasse in die vorbereitete Form füllen und auf der mittleren Schiene im Ofen 25–30 Minuten backen, bis der Kuchen in der Mitte bei leichtem Fingerdruck zurückfedert und am Rand etwas geschrumpft ist. Den Biskuit auf ein Kuchengitter stürzen, ein zweites Kuchengitter obenauf legen und den Biskuit wenden. Das obere Kuchengitter abnehmen und den Biskuit auskühlen lassen.

3 Den erkalteten Biskuit mit einem scharfen Sägemesser quer in zwei gleich dicke Böden schneiden, dabei mit einer Hand fest auf die Oberseite drücken und den Schneidevorgang nicht unterbrechen. Den unteren Boden mit Himbeerkonfitüre bestreichen. Den zweiten Boden auflegen, den Biskuit mit Puderzucker bestäuben und auf eine Servierplatte setzen.

Tip Das unter Schritt 1 aufgeführte Wasser im Topf darf nicht zu heiß sein, sonst verliert die Eischaummasse an Volumen und der Biskuit fällt beim Backen zusammen und wird zu fest.

Ohne Füllung kann der Biskuit 3 Monate eingefroren werden.

Mousse au chocolat

Diese raffinierte Mousse au chocolat ist so duftig und cremig, daß sie auf der Zunge zergeht. Besonders edel sieht es aus, wenn Sie die Mousse in Schälchen aus Schokolade servieren(siehe S. 63).

Vorbereitungszeit: ***1 Stunde + 1 Stunde Kühlzeit***
Zubereitungszeit: ***15 Minuten***
Für 6 Personen

140 g hochwertige Bitterschokolade
3 EL feiner Zucker
2 Eiweiß
1 1/2 Blatt Gelatine oder 3/4 TL Gelatinepulver
1 EL Instantkaffee
500 ml Schlagsahne

1 Von der Schokolade 15 g abwiegen, reiben und bis zur Weiterverwendung kühl und trocken aufbewahren. 60 ml Wasser mit Zucker in einem kleinen gußeisernen Topf erhitzen und nach den Anweisungen auf S. 62 Zuckersirup herstellen. Sobald der Sirup aufkocht, die Eiweiße in eine Schüssel geben und mit dem Handrührgerät zu lockerem Schnee schlagen, bis weiche Spitzen stehenbleiben. Unter Rühren den Sirup langsam zu dem Eischnee gießen. Weiterschlagen, bis die Masse abgekühlt ist.

2 Die Blattgelatine einige Minuten in kaltem Wasser einweichen, dann herausnehmen und gut ausdrücken oder das Gelatinepulver mit 1 Eßlöffel Wasser anrühren und quellen lassen. Instantkaffee in einen kleinen Topf geben und in 1 Eßlöffel heißem Wasser auflösen. Die ausgedrückte Blattgelatine oder das angerührte Pulver zugeben und bei geringer Hitze erwärmen, bis die Gelatine aufgelöst ist. Die Flüssigkeit nicht aufkochen lassen, weil die Gelatine sonst Fäden zieht. Die Gelatinemischung zu dem Eischnee gießen und kräftig verrühren.

3 Die restliche Schokolade grob hacken und in eine Schüssel geben. Einen Topf zur Hälfte mit Wasser füllen und dieses zum Kochen bringen. Den Topf von der Kochstelle nehmen und die Schüssel über den Topf stellen; darauf achten, daß sie nicht das Wasser berührt. Sobald die Schokolade geschmolzen ist, die Schüssel vom Topf nehmen und die flüssige Schokolade unter die Baisermasse heben.

4 Die Sahne steif schlagen, bis der Schneebesen deutliche Spuren in der Sahne hinterläßt, und behutsam unter die Schokoladenmischung heben. Die Mousse in einen Spritzbeutel mit 15-mm-Lochtülle füllen und in sechs Gläser spritzen. Eine Stunde in den Kühlschrank stellen, bis die Masse erstarrt ist. Zum Servieren die Mousse nach Belieben verzieren, z. B. mit Sahnerosetten, Schokoladenblättern, geriebener Schokolade oder Schokoladenlocken (siehe S. 63).

Nougattrüffel

Einfach himmlisch, diese mundgerechten, in Puderzucker gerollten Trüffel aus Milchschokolade und Nougatcreme mit einem Hauch von Cointreau.

Vorbereitungszeit: ***1 Stunde + Kühlzeit***
Zubereitungszeit: ***15 Minuten***
Ergibt 40 Stück

600 g hochwertige Milchschokolade, gehackt
30 g Nougatcreme
30 ml Cointreau
20 g Butter
200 g Puderzucker

1 Ein Backblech mit Backpapier auslegen. 200 g von der Schokolade abwiegen und in eine Schüssel geben. Einen Topf zur Hälfte mit Wasser füllen und dieses zum Kochen bringen. Den Topf von der Kochstelle nehmen und die Schüssel über den Topf stellen; darauf achten, daß sie das Wasser nicht berührt. Sobald die Schokolade geschmolzen ist, die Schüssel wieder vom Topf nehmen.

2 Die Nougatcreme mit dem Cointreau und 30 ml Wasser in einen kleinen Topf geben und aufkochen lassen. Die Mischung über die geschmolzene Schokolade gießen und mit einem Holzlöffel kräftig verrühren. Butter einrühren und die Mischung abkühlen lassen, dann im Kühlschrank so fest werden lassen, daß sie sich noch gut spritzen läßt und trotzdem ihre Form behält.

3 Die Trüffelmasse in einen Spritzbeutel mit 12-mm-Sterntülle füllen und lange, gerade Stränge auf das mit Backpapier ausgelegte Blech spritzen. Im Kühlschrank fest werden lassen.

4 In der Zwischenzeit die restliche Schokolade temperieren (siehe S. 62). Die temperierte Schokolade über einer Schüssel mit lauwarmem Wasser flüssig halten.

5 Die aufgespritzten Trüffelstränge in 2,5 cm lange Stükke schneiden, passend für Petits-fours-Papierförmchen. Den Puderzucker in eine Schüssel sieben. Mit Hilfe einer Gabel jede Trüffel einzeln in die temperierte Schokolade tauchen. Mit der Gabel leicht auf den Schüsselrand klopfen, um überschüssige Schokolade abfließen zu lassen. Die überzogenen Trüffel in den Puderzucker gleiten lassen, darin wälzen und den Schokoladenüberzug im Puderzukker erstarren lassen. Jede Trüffel einzeln herausheben, überschüssigen Puderzucker vorsichtig abschütteln und in ein Papierförmchen setzen. Die fertigen Trüffel luftdicht verschlossen bei Zimmertemperatur aufbewahren.

Schokoladensauce

Dies ist die optimale Sauce zu Eiscreme, aber sie schmeckt auch zu anderen Gelegenheiten

Vorbereitungszeit: ***10 Minuten***
Zubereitungszeit: ***15 Minuten***
Für 4–6 Personen

225 g feiner Zucker
100 g hochwertige Bitterschokolade, gehackt
2 EL Kakaopulver, gesiebt

1 Zucker und Schokolade mit 300 ml Wasser in einen Topf geben und langsam zum Kochen bringen, dabei ständig rühren, bis der Zucker aufgelöst und die Schokolade geschmolzen ist. Den Topf von der Herdplatte nehmen.
2 Das Kakaopulver mit 30 ml Wasser zu einer glatten Paste verrühren, löffelweise zu der Schokoladensauce geben und unter Rühren erhitzen. Erneut zum Kochen bringen, dabei ständig kräftig rühren. Dann die Sauce ohne Deckel 5 Minuten köcheln lassen, ohne daß sie wieder aufkocht. Die Sauce durch ein feinmaschiges Sieb streichen und etwas abkühlen lassen.

Tip Diese Sauce kann warm oder kalt serviert werden und hält sich bis zu einer Woche, wenn sie luftdicht verschlossen im Kühlschrank aufbewahrt wird.

Heiße Schokolade

Wer sich für eine heiße Schokolade mit Milch und Kakao erwärmen kann, wird auch dieses köstliche Schokogetränk – zubereitet mit geschmolzener Schokolade, Milch und Sahne – schätzen.

Vorbereitungszeit: ***10 Minuten***
Zubereitungszeit: ***15 Minuten***
Ergibt etwa 1,4 l

1 l Milch
250 ml Crème double
120 g hochwertige Bitterschokolade, grobgehackt
1 TL Zimt, gemahlen
1 schwarzes Pfefferkorn
3 EL feiner Zucker

1 Milch und Crème double in einen Topf gießen und bei geringer Hitze aufkochen lassen. Schokolade, Zimt, Pfefferkorn und Zucker zugeben und das Ganze mindestens 10 Minuten leise köcheln lassen.
2 Die heiße Schokolade abseihen und nach Belieben sofort servieren. Noch aromatischer schmeckt das Getränk allerdings, wenn es einige Stunden, höchstens aber drei Tage im Kühlschrank durchzieht. Vor dem Servieren erhitzen.

Schokoladensauce (unten) und Heiße Schokolade

Praktische Tips

Schokolade temperieren

Temperieren spaltet die Fettkristalle der Schokolade auf, so daß sie härter wird und glänzt.

Gehackte Schokolade in eine Schüssel geben und diese über einen Topf mit Wasser, das gekocht hat, stellen. Die Schokolade langsam über dem Wasserdampf schmelzen, ohne daß die Schüssel das Wasser berührt.

Die flüssige Schokolade glattrühren und auf 45 °C erwärmen. (Die Temperatur der Schokolade wird auf einem Küchenthermometer abgelesen.)

Die Schüssel mit der flüssigen Schokolade im Eiswürfelbad so lange rühren, bis die Temperatur auf 25 °C gesunken ist.

Die erstarrende Schokolade erneut 30–60 Sekunden über heißem Wasser erhitzen, bis sie wieder eine Temperatur von 32 °C erreicht hat.

Zuckersirup

Vor dem Aufkochen muß sich der Zucker aufgelöst haben. Sobald der Sirup kocht, nicht mehr rühren.

Zucker und Wasser in einem Topf langsam erhitzen und den Zucker dabei unter Rühren auflösen.

Die sich am Topfrand absetzenden Zuckerkristalle mit einem feuchten Backpinsel abstreifen.

Sobald der Sirup kocht, auf keinen Fall mehr rühren. Den Sirup auf eine Temperatur von 116–118 °C bringen.

Wer kein Zuckerthermometer zur Verfügung hat, gibt etwa 1/4 Teelöffel kochenden Sirup in eine mit Eiswasser gefüllte Schüssel. Der Sirup sollte eine kleine, weiche Kugel bilden.

Schokoladenförmchen

Eiscreme, Sorbet und Mousse kommen darin besonders gut zur Geltung.

Brioche- oder andere Förmchen mit Plastikfolie auskleiden und Wasser einfüllen. Die Formen ins Gefriergerät stellen, bis das Wasser fest gefroren ist.

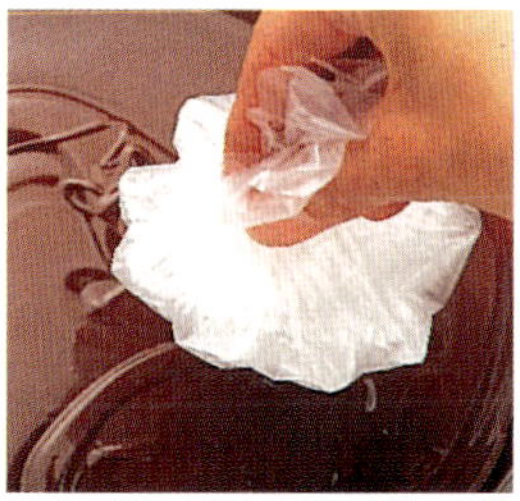

Die Schokolade schmelzen. Die überstehenden Seiten der Folie über dem Eis zusammendrehen, aus der Form heben und sogleich in die geschmolzene Schokolade tauchen.

Die Eisform aus dem Tauchbad heben und überschüssige Schokolade abfließen lassen. Die Schokolade erstarrt augenblicklich. Die Folie vorsichtig abziehen.

Schokoladenblätter

Nur ungespritzte Blätter verwenden. Diese erst feucht abwischen und dann an der Luft trocknen lassen.

Die temperierte Schokolade mit einem feinen Pinsel auf die Ober- oder Unterseite von ungiftigen Blättern (z. B. Rose, Efeu) auftragen. Die Blattstruktur ist auf der Unterseite besser zu sehen.

Die Schokolade im Kühlschrank erstarren lassen, dann das Blatt vorsichtig von der Schokolade ziehen.

Schokoladenlocken

Diese Locken sind eine reizvolle Garnierung für fast alle Schokoladensets.

Mit einem Schälmesser seitlich über einen Schokoladenblock mit Zimmertemperatur schaben. Je nach Länge der abgeschabten Schokolade entstehen größere oder kleinere Locken.

Register

Originaltitel: Le Cordon Bleu – Chocolate

Managing Editor: Kay Halsey
Series Concept, Design and Art Direction: Juliet Cohen

Der Verlag und Le Cordon Bleu danken Carole Sweetnam für ihre Hilfe bei dieser Reihe ebenso wie den 32 Meisterköchen der Cordon Bleu Schulen, deren Kenntnisse und Erfahrungen dieses Buch möglich gemacht haben, besonders:
Cliche (MOF), Terrien, Boucheret, Duchêne (MOF), Guillut, Steneck, Paris; Males, Walsh, Hardy, London; Chantefort, Bertin, Jambert, Honda, Tokyo; Salembien, Boutin, Harris, Sydney; Lawes, Adelaide; Guiet, Denis, Ottawa.

KÖNEMANN ist eine Marke und ein Imprint der Tandem Verlag GmbH

Übersetzung aus dem Englischen für Agents–Producers–Editors: Karin Hirschmann, Gütersloh
Redaktion und Satz der deutschen Ausgabe: Agents–Producers–Editors, Overath
Projektkoordination: Sylvia Hecken

Printed in China

ISBN-10: 3-8331-3048-2
ISBN-13: 9783-8331-30489

10 9 8 7 6 5 4 3 2 1
X IX VIII VII VI V IV III II I

WICHTIGE INFORMATIONEN

HINWEIS: Bei unseren Gerichten verwenden wir Eßlöffel mit der Füllmenge von 20 ml (= 4 Teelöffel). Wenn Sie 15-ml-Eßlöffel benutzen, fügen Sie bei Backpulver, Mehl und Gelatine bitte einen zusätzlichen Teelöffel hinzu. Bei den meisten anderen Zutaten ist der Unterschied bedeutungslos.

WICHTIG: Um einer eventuellen Salmonellen-Erkrankung vorzubeugen, sollten Sie für alle Gerichte stets frische Eier verwenden.